FÊTES PUBLIQUES
DONNÉES
PAR
LA VILLE DE PARIS,
a l'occasion du Mariage
DE MONSEIGNEUR
LE DAUPHIN,
Les 23. et 26. Février M. DCC. XLV.

CE FRONTISPICE

représente

MONSEIGNEUR LE DAUPHIN.

Sous la figure d'un jeune Héros, qui simplement couronné de fleurs, marche au Temple de l'Himen, conduit par le Génie tutelaire de la France, reconnoissable à la tige de Lis qu'il tient de la main droite.

Le Dieu de l'Himenée, vient au-devant d'eux avec le Portrait de l'Infante qu'il leur présente, et il est suivi de deux Génies chargés d'une banderole aux Armes du PRINCE & de la PRINCESSE, pour le prochain accomplissement d'une union si desirée.

La Déesse Pallas, qui ne perd pas le PRINCE de vuë, le suit à une certaine distance, avec une troupe de Guerriers, qui portent les habits militaires dont il doit se revêtir après la Cérémonie.

Au bas du Perron du Temple de l'Himen on voit la Muse héroïque, à qui le Destin laisse lire dans le Livre des Tems, le détail des Exploits qui doivent immortaliser dans l'histoire le nom du PRINCE, & celui de ses Descendans.

Divers petits Amours, dont les uns voltigent dans les airs, et les autres jouent avec un Lion familier sur le passage du PRINCE, s'occupent à faire des Couronnes et des Guirlandes de fleurs, pour la célébration de la Fête.

Les Ris, les Graces et les Jeux attendent le PRINCE à la porte du Temple.

DESCRIPTION DES FESTES
DONNÉES
PAR LA VILLE DE PARIS,

Les vingt-trois & vingt-six Fevrier mil sept cent quarante cinq, à l'occasion du Mariage de Monseigneur LE DAUPHIN avec MADAME MARIE-THERESE, Infante d'Espagne.

LE ROY ayant permis aux Prevôt des Marchands et Echevins de la Ville de Paris, de célébrer, par des Fêtes publiques, le Mariage de MONSEIGNEUR LE DAUPHIN, ils n'oublierent rien pour répondre, par le goût, l'éclat et la magnificence de ces Fêtes, aux vœux ardens des Citoyens; et la Cérémonie de cet auguste Mariage ayant été fixée au vingt-trois de Fevrier, les mouvemens de l'allegresse générale ne laisserent pas même desirer le cours d'un temps plus favorable à l'execution. La vénération, la reconnoissance, le zele, et le dévoüement des Sujets pour le plus grand et le plus chéri des Monarques, étoient fort supérieurs à tous les inconveniens de la saison.

ELLE exigea seulement, de la part des Magistrats, quelques dispositions particulieres, au moyen desquelles le Public se trouvât moins exposé aux intemperies de l'air qu'on ne l'auroit pû craindre; et sur ce plan, les Fêtes projettées furent partagées en deux journées diferentes.

LA premiere de ces Fêtes, qui avoit pour objet la joye et la satisfaction de tout le Peuple, se donna le vingt trois Fevrier, c'est-à-dire, le jour même de la Celebration du Mariage, et consista en des Concerts d'Instrumens, des Danses et des Festins préparés dans plusieurs grandes Salles couvertes, construites dans les principaux Quartiers de la Ville, variées dans leurs formes comme dans leur Emplacement, et décorées de tous les ornemens dont elles étoient susceptibles.

LA seconde, qui se donna trois jours après, c'est à dire, le vingt six, consista en un Bal masqué dans l'interieur de l'Hôtel de Ville, et fut plus particulierement destinée aux Personnes distinguées par leur rang et par leur naissance.

FESTE
Donnée le vingt-trois Fevrier.

LE Projet de donner à un nombre prodigieux de Personnes de differens états, qui composent la plus grande partie des Habitans de la Capitale du Royaume, quelque chose de plus satisfaisant que le plaisir ordinaire d'un Spectacle passager, et d'un simple coup d'œil, présentoit une idée nouvelle; mais dont l'exécution, pleine de difficultés, demandoit de grandes attentions. Il falloit donner en même temps dans Paris plusieurs grandes Fêtes, en multiplier les effets par la disposition des Emplacemens, et procurer à tout le monde la facilité d'en Jouir sans peine et sans danger par la commodité des abords et des débouchez. Il falloit enfin mettre dans tous les mouvemens du public un ordre qui, en les réglant sans les gêner, pût n'être sensible que par la conciliation des plaisirs avec la tranquillité toujours aussi précieuse que difficile à entretenir.

LEs Prevôt des Marchands et Echevins y réussirent au-delà même de leur espérance, en choisissant dans les Quartiers de Paris les plus convenables et les plus fréquentés, six Emplacemens, dans lesquels ils firent construire six grands Edifices, qui, par leur étenduë, la diversité et l'élégance de leurs formes, et la magnificence de leurs décorations, tant interieures qu'exterieures, paroissoient chacun en particulier devoir être l'objet unique d'une grande Fête.

Ces six Edifices représentoient, l'un le Temple de l'Hymen, quatre autres les Palais de chaque Saison, et le sixieme le séjour de Momus; chaque sujet, pris séparément, avoit, par luy même et par le goût dans lequel il étoit traité, un rapport sensible à la Joie que ce grand jour inspiroit; et leur réunion exprimoit, par une allégorie simple et naturelle, la part que le Monde entier prenoit à l'heureux évenement qu'on célébroit.

Le 23. Fevrier, à la pointe du jour, la Fête fût annoncée par une décharge de toute l'Artillerie de la Ville; le concours, à toutes les Places dans lesquelles ces Edifices avoient été construits, commença avec les premiers mouvemens de la journée, pendant laquelle il augmenta successivement, au point qu'on ne voyoit de tous côtés qu'une multitude innombrable de Monde et d'Equipages qui se succedoient et se renouvelloient à tous les instans dans les Places et dans leurs avenües; on n'entendoit de toutes parts que des acclamations redoublées et des vœux dictés par tous les cœurs, pour la conservation du Roy et le bonheur de la Famille Royale; et les courses du Public, secondées par un temps aussi favorable qu'il pouvoit l'être dans cette Saison, mirent dans toute la Ville un mouvement dont la continuité et l'espece de tumulte formoient un Spectacle capable d'exciter seul l'empressement et la curiosité.

A la fin du jour, et dès que la nuit eut fait disparoître les objets qui jusqu'à ce moment avoient fixé les regards d'un Public immense, une prompte Illumination dont le signal fût donné par une seconde décharge de l'Artillerie de la Ville, rendit aux Spectateurs les mêmes objets qu'ils venoient de perdre, et les leurs présenta sous une forme plus agréable encore par les nouvelles beautés que l'opposition des ombres et des lumiéres leurs procuroient.

Il n'avoit été employé, pour les Illuminations de tous ces Edifices, que des pieces d'ornemens qui se dessinoient tant au dedans qu'au dehors des Salles, avec leurs décorations même dont elles faisoient partie; de grands Lustres à huit branches étoient suspendus dans toutes les Arcades, tous les Trumeaux étoient ornés dans leur milieu de grandes Lyres garnies de fleurons qui portoient de fortes terrines dont on ne voyoit que la flamme: toutes les Corniches étoient profilées par des cordons de semblable lumiére: des Ifs de trente à quarante pieds de hauteur, portant chacun deux à trois cent lumiéres, étoient disposés dans les Places, de maniere qu'ils en augmentoient la clarté, en même temps que leurs symétries servoient d'accompagnement aux Edifices ; les avenuës tracées par deux rangs de pilots d'une grosseur singuliére, ajoûtoient aux Illuminations de toutes les maisons un éclat aussi vif et aussi brillant que celui même de la lumiére du jour.

Le Spectacle des Illuminations, accompagné d'une Symphonie continuelle, et varié par un concert alternatif d'instrumens de toute espece, fût bientôt suivi de distribution de pain de vin et de viande qui furent présentés au Public, avec la plus grande abondance, à des Buffets qui avoient été préparés en grand nombre dans toutes les Salles.

La décoration de ces Buffets dont le service se renouvelloit à mesure qu'il s'épuisoit, la continuité de la Musique et celle des Danses qui ne furent pas un moment interrompuës par les distributions de tous les rafraîchissemens, formoient et entretinrent, pendant la nuit entiére, une espéce de confusion agréable, dont le Spectacle seroit aussi difficile à décrire, que tout ce que les transports de la joie la plus vive et la plus marquée présenterent d'objets interessans ; ainsi on se renfermera à donner icy une simple idée des Sujets et des constructions des six Salles.

PLACE DAUPHINE.
Le Temple de l'Hymen.

Cet Edifice, élevé au milieu de la Place Dauphine, en répétoit la forme triangulaire ; son plan coupé à pans avoit vingt six toises de profondeur.

Le Temple, isolé de toute parts, s'ouvroit par quatorze Portiques en Arcades, décorés d'une Architecture de marbre coloré sur un fond de marbre blanc.

La décoration extérieure des trois grandes faces, et celle de deux pans coupés, étoit en Pilastres Corinthiens couronnés d'un entablement recoupé ; au-dessus de l'entablement régnoit une Balustrade dont les acroteres portoient des groupes de Dauphins soûtenant des vases de parfums ; et au-dessus des encoignures, les Génies de la suite de l'Hymen formoient des groupes d'un autre caractere.

Le frontispice du Temple avoit sept toises de longueur sur dix d'élévation, il passoit sur le pan coupé du principal angle du plan, et se présentoit en face de l'entrée de la Place du côté du Pont neuf; c'étoit un grand Portique en arcade flanqué de chaque côté de trois colonnes groupées dont les fusts étoient embrassés par des guirlandes de fleurs naturelles: les bazes et les chapiteaux étoient de bronze doré; ces colonnes montées sur un socle régnant portoient un entablement sur lequel venoit s'appuyer un grand arc, qui faisoit le couronnement du frontispice; des groupes d'Enfans, placés sur l'entablement et à l'aplomb des colonnes, paroissoient former différens jeux, et servoient d'amortissement.

L'arc du frontispice étoit enveloppé d'un nuage éclatant, au milieu duquel on voyoit le Dieu de l'Hymen allumant son flambeau à celuy de l'Amour; deux grandes Renommées, portées sur le haut du nuage, soûtenoient les armes du Roy, terminoient le frontispice, et paroissoient annoncer à l'Univers le sujet de la fête.

Du milieu du parvis du Temple s'élevoient quatre grands Palmiers, dont les rameaux, en se confondant ensemble, formoient un Dais sous lequel on voyoit le médaillon du Roy, embrassant dans ses rayons les médaillons accolés de Monseigneur le Dauphin et de Madame la Dauphine; ces derniers se trouvoient soûtenus par des Enfans entrelassés dans des guirlandes de fleurs: tout ce morceau se découvroit à travers la principale entrée du Temple, et faisoit accord avec la décoration du frontispice.

L'intérieur du Temple étoit décoré de grands panneaux de marbre posés sur les piliers des arcades et dans la partie supérieure des pans coupés; les arcades étoient garnies de chambranles de bronze doré avec des Trophées et Lacs d'amour; dans le milieu une corniche dorée soûtenoit le platfond, et de cette corniche pendoient des festons de fleurs naturelles qui, par leurs divers enchaînemens, ornoient tout le tour du Temple.

De grands Buffets, en gradins de marbre blanc, dressés dans les angles du plan de l'Edifice, étoient destinés pour toutes les différentes espèces de rafraîchissemens qui devoient être distribués; les gradins terminés par des vases à l'antique étoient fermés dans le bas par une enceinte de marbre à hauteur d'appuy sur laquelle devoient se faire les distributions au Public, à mesure qu'il viendroit s'y présenter.

Cinq Orchestres, détachées les unes des autres et disposées d'une façon avantageuse, achevoient la décoration de l'intérieur du Temple; elles étoient formées en gradins, et couvertes de tapis de velours.

PLACE DE LOUIS LE GRAND
Le Printemps.

Deux grands Berceaux de treillages, qui s'élevoient à la droite et à la gauche de la Place, représentoient le Palais de Flore, et le séjour du Printemps.

Chaque Berceau consistoit en une Gallerie isolée de dix-sept toises de longueur sur six de largeur, terminée à ses extrémités par deux gros Pavillons de sept toises en quarré: quatorze arcades en ouvroient les côtés, les aîles des Pavillons étoient pleines, et leurs faces présentoient deux frontispices qui formoient les entrées principales.

Les Berceaux étoient tracés en dedans et en dehors par deux plans de Marroniers dont les tiges adossées au corps du Treillage tenoient lieu de colonnes, elles se divisoient ensuite en Rameaux, qui, répétant les cintres des arcades sur les faces des Galleries, alloient former des niches de verdure sur les aîles des Pavillons.

A l'extérieur des deux Berceaux, et au dessus du cintre des Arcades, regnoit, dans toute leur longueur, une corniche légére couronnée par une Balustrade de panneaux de treillages compartis; les combles des Pavillons dominoient sur la Balustrade, ils étoient à quatre pans tronqués, et leurs angles étoient marqués par des Vases de marbre blanc.

Huit grandes Fontaines, aussi de marbre blanc, placées sur les aîles des Pavillons, occupoient les niches de verdure dont on a parlé; elles représentoient des sujets allégoriques à la fête; et les Divinités qui président aux amusemens champêtres, leur servoient d'accompagnement.

Les frontispices placés aux extrémités des Pavillons, étoient ouverts dans un avant-corps de marbre veiné, appuyé sur un massif de marbre blanc: la corniche de l'Edifice venoit leur former des frontons angulaires, dont le tympan portoit les armes de Monseigneur le Dauphin et de Madame la Dauphine:

deux grands Marronniers s'élevoient au devant de l'arcade, et couvroient de leurs ombres le devant des frontispices.

Les Pavillons étoient couverts en dedans par des Voûtes de verdure, et les Galleries par un platfond aërien, porté sur les voussures naturelles que formoient les têtes des arbres dont l'interieur étoit tapissé.

On entroit des Pavillons dans les Galleries par un Portique de feüillages qui en faisoit la communication: deux grands Arbres isolez figuroient en colonnes, et traçoient, par le mélange de leurs rameaux, un air également noble et léger.

Aux extrémités des Galleries, on avoit placé deux Orchestres, dont les gradins étoient couverts de tapis de velours jettés au hazard; de grands Buffets, couverts de provisions de toute espéce, occupoient le milieu des Pavillons, ils étoient terminés par des Vases de vermeil, ornés de guirlandes de fleurs naturelles, dont les chûtes venoient se répandre sur les gradins et sur les tables du service.

PLACE DU CARROUSEL.
l'Eté.

Une Grange, construite sur un plan de vingt toises de longueur et de onze toises de largeur, représentoit le Palais de Cérès; une grande Salle croisée en occupoit le milieu, et se trouvoit entourée par quatre Galleries disposées aux extrémités du plan.

Quarante-huit colonnes en balustres isolées faisoient la séparation de la Salle d'avec les Galleries, et décoroient la face opposée à la Place, ainsi que les deux retours; cette face, sur laquelle se présentoit l'entrée principale, n'étoit fermée entre les Balustres qu'à la hauteur d'appuy; les deux petites faces étoient pleines, entre les entrées des Galleries qu'on y avoit pratiquées.

Les Balustres, qui traçoient la Salle croisée, portoient en dedans une frise garnie de festons de fleurs de prairie, et du côté des Galleries ils portoient une pente découpée; les Platfonds étoient en blanc et sans moulures, pour répondre à la simplicité du lieu; celuy de la Salle portoit immédiatement sur la frise, et celuy des Galleries descendoit jusques sur les chapiteaux des Balustres.

Ce dernier Platfond étoit interrompu par des plattes-bandes sculptées qui traversoient des Balustres du dedans à ceux du dehors.

Les extrémités de la Salle, étoient occupées par deux Orchestres, couvertes de tapis de velours ; des Groupes de marbre blanc, représentans Cérès, Diane, Pallas, et Cibèle, étoient disposés aux quatre angles intérieurs de la grange.

L'extérieur des faces étoit décoré, au-dessus des Balustres, par une campane pendante du dessous de la saillie du comble sur les chapiteaux ; elle tournoit en arc au dessus de la principale entrée, et formoit un couronnement terminé par un cartouche doré, aux Armes de France et de Navarre : sur les parties pleines des petites faces, on avoit peint Apollon et Terpsicore avec leurs attributs : des panneaux d'ornemens, appliqués aux encoignures, portoient des Trophées de Bergers couronnés par les flambeaux de l'Hymen et de l'Amour mis en sautoir : le comble étoit apparent, il formoit une croupe sur ses retours, et chaque angle soûtenoit un Vase.

Tous les ornemens de cette décoration, ainsy que les moulures des Balustres, étoient peints en couleur de paille sur un fond de bois violet ; l'accord de ces couleurs et leur simplicité contribuoient à rendre avec verité le caractère de cet Edifice.

En entrant par la grande face, on découvroit, à travers les Balustres du fond, une vaste Campagne chargée de moissons et de moissonneurs : dans le milieu, s'élevoit un Buffet champêtre couvert des rameaux d'arbres ; et sur les côtés, on appercevoit deux Grottes, dans lesquelles devoit se faire la distribution du vin.

RUE DE SEVE.
l'Automne.

Le Palais de Vertumne se présentoit sous la forme d'un Verger : il avoit trente toises de long sur six de large ; et dix huit Arcades, disposées autour de ce quarré long, en faisoient l'ouverture.

Les quatre faces étoient décorées en dehors de couples de Colonnes posées contre les massifs des piliers ; ces Colonnes étoient montées sur un socle, et servoient à soûtenir les impostes sur lesquelles venoient s'appuyer les

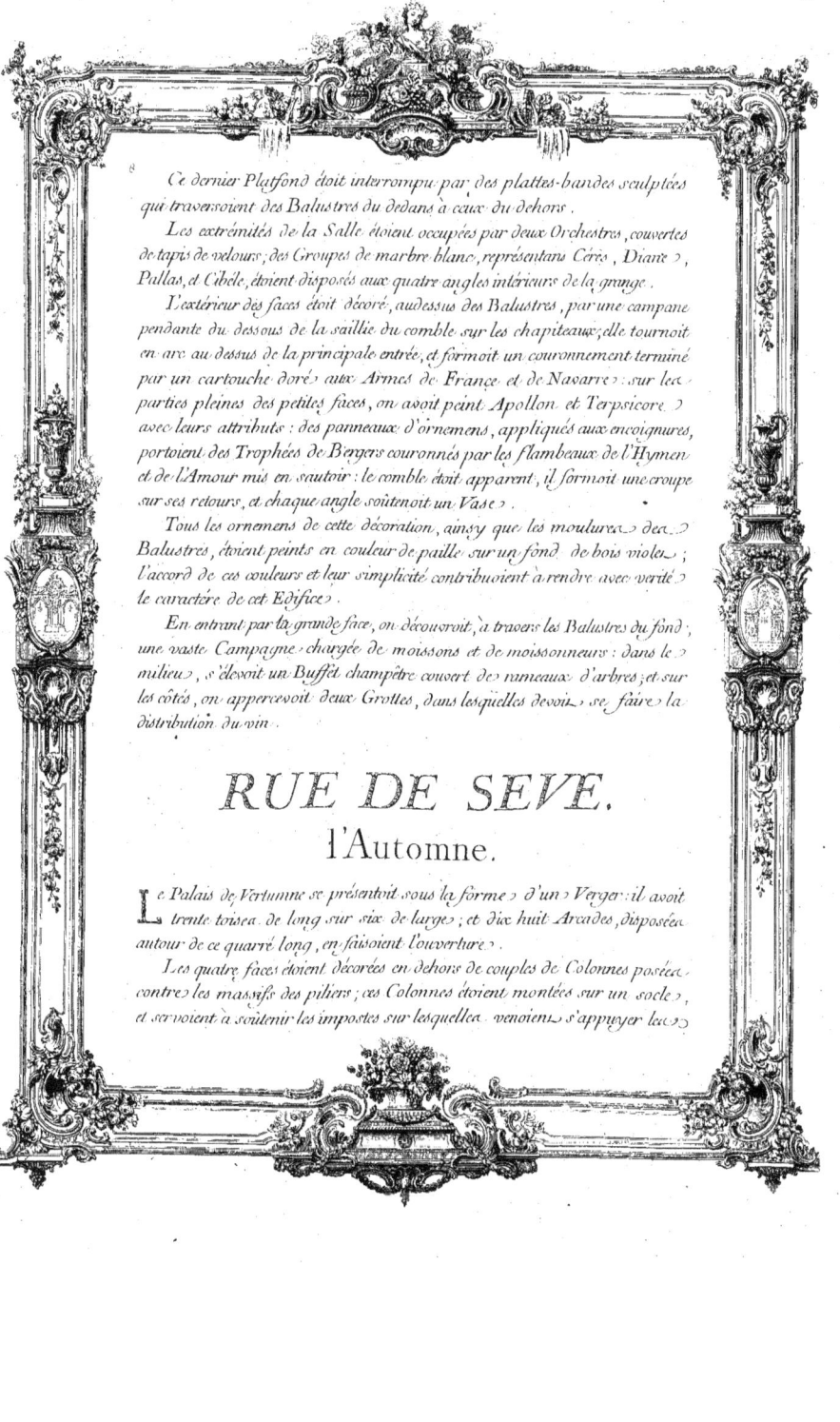

les bandeaux des Arcades; chaque Bandeau portoit, dans son milieu, un masque de Satire: au dessus regnoit l'entablement qui couronnoit les Arcades; et la décoration étoit terminée par un appuy massif, dont les acroteres portoient, pour amortissemens, des corbeilles de fruits.

Des seps de vignes, naissans du pied des Colonnes, les embrassoient en forme de guirlandes; d'autres se répandoient, en serpentant, sur le nud des murs entre les cintres; et dans la frise de l'Entablement, des guirlandes de fruits, suspendues en festons, couvroient les parties de l'appuy entre les acroteres.

Les massifs, qui joignoient les façades, étoient couverts, dans toute leur hauteur, d'une table élegie, dont les bas-reliefs représentoient des Nymphes de la suite de Pomone: des groupes d'Enfans, qui formoient plusieurs jeux avec des Boucs, terminoient le haut des massifs.

Le Frontispice étoit placé sur la petite face qui regarde la Ville.

Le Socle regnant sur toute la longueur de la Corniche, portoit un couronnement, au milieu duquel on avoit peint les amours de Bacchus, et d'Ariane: ce couronnement chantourné étoit bordé de rocailles mêlées de fleurs et de fruits, et se terminoit par un Ecusson aux armes du Roy.

L'intérieur de l'Enceinte étoit tapissé d'arbres en espaliers, dont les rameaux accompagnoient les cintres des Arcades: le Platfond représentoit un ciel serein; une Orchestre étoit placée à chaque extrémité du Verger; dans le milieu, un grand Buffet présentoit quatre faces percées à jour, à travers lesquelles on voyoit s'élever, en Piramide, un Corps de Gradins circulaires, sur lesquels on avoit dressé les différens services qui dévoient être distribués au Public.

La masse de tout l'Edifice étoit de marbre vert campan, ainsi que les différens corps d'Architecture qui en faisoient la décoration.

PLACE DE L'ESTRAPADE.
l'Hiver.

Une Grotte, taillée dans une masse de rochers, représentoit le Palais d'Eole Dieu des Vents et des frimats; cet Edifice étoit de figure barlongue, et coupé à pans sur les deux angles du fond; il avoit dix toises de largeur dans son milieu sur vingt toises de profondeur.

Chaque flanc de la Grotte présentoit sept ouvertures cintrées, elles étoient ornées de gros Bossages refendus sur le nud des piliers et autour des arcs; au devant des piliers s'élevoient de grandes figures enfermées dans des gaines de Termes, qui portoient sur leurs têtes des Vases de congellation; une bande de glaçons, regnant au dessus dans toute la longueur des faces de l'Edifice, luy donnoit une frise convenable à son caractere; la décoration se terminoit par un gros plinthe, coupé à la plomb des pieds droits, dont les enroullemens servoient à soûtenir plusieurs assortimens de Coquilles, qui, dans la nuit, devoient faire partie de l'Illumination, et se changer en braziers de feu.

 Les faces des pans coupés étoient enfermées entre deux Pilastres de Bossages; dans le bas, un Fleuve, étendu sur un lit de joncs, s'appuyoit sur une Urne, dont les eaux étoient glacées; le dessus étoit couronné par les Armes de Monseigneur le Dauphin et de Madame la Dauphine, que soûtenoient deux Dauphins couchés sur des glaçons.

 Le Frontispice étoit aussy d'une Architecture rustique, marquée sur les corps par des Bossages refendus: l'Arcade, qui formoit la principale entrée, portoit, au milieu du Cintre, un Cartouche de Rocailles, dans lequel on avoit placé les Armes de France; les avant-corps étoient décorés chacun de deux Termes, qui s'embrassoient, et paroissoient plier sous le poids d'une grande corbeille de fruits glacés; sur ce frontispice, s'élevoit un Attique en massif de glaçons, couronné d'un fronton angulaire, aux côtés duquel deux Divinités, appuyées sur leurs Urnes, posoient sur la Corniche des avant-corps; le milieu de l'Attique présentoit l'ouverture de l'antre d'Eole; les Vents, qui y étoient enfermés et confondus dans des tas de nuages, s'efforçoient de briser leur prison.

 L'intérieur de la Grotte étoit tapissé de congellations de diverses couleurs; un grand Buffet, taillé dans le roc, en occupoit le fond; deux niches, placées sur les côtés, devoient servir à la distribution du vin; au milieu, s'élevoit un Amphithéatre ovale, destiné pour y placer l'Orchestre.

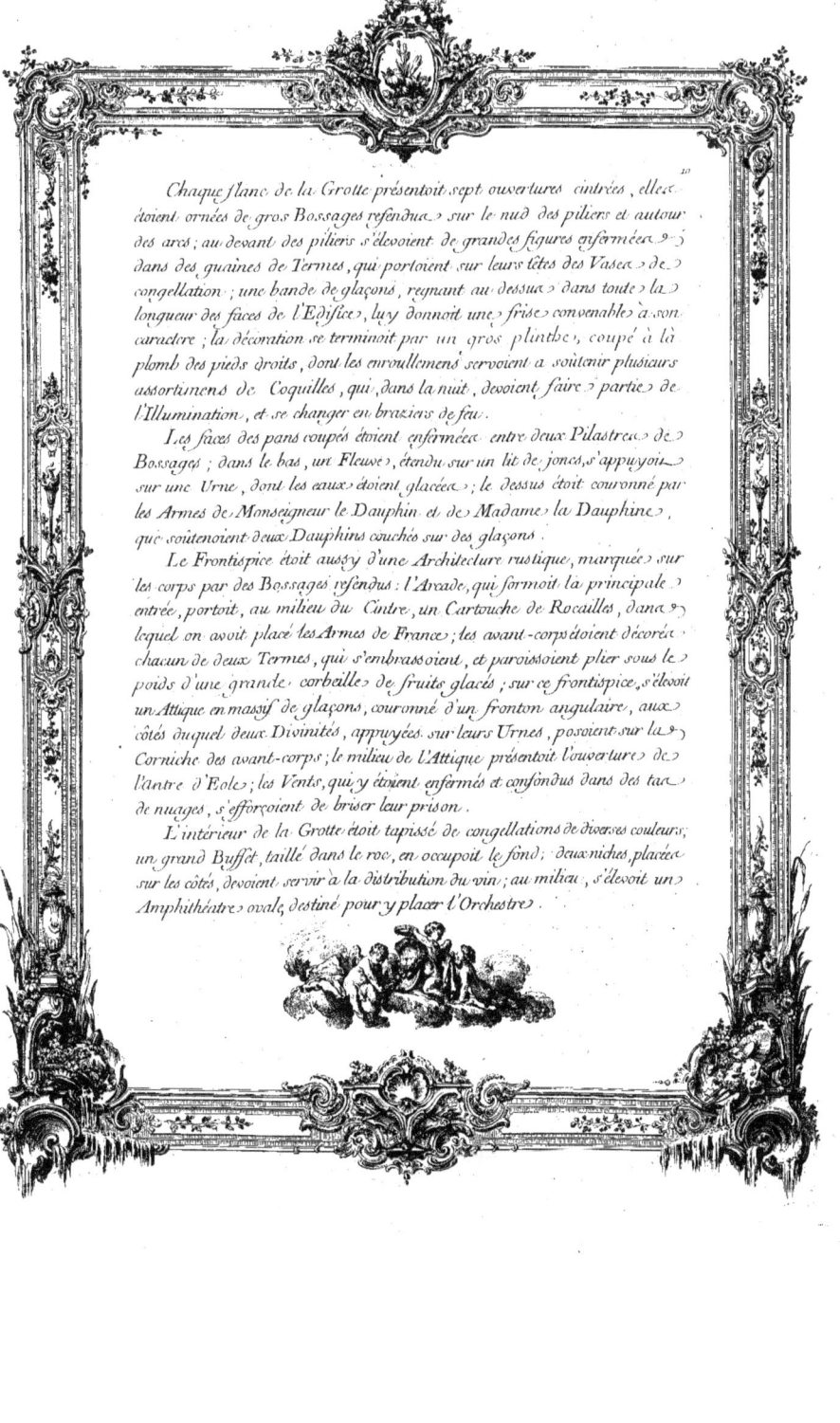

PORTE S.T ANTOINE.
Le Palais de Momus.

Un grand Sallon, formé sur un plan triangulaire coupé à pans de vingt toises de profondeur, représentoit le séjour de Momus; sa principale entrée faisoit face à la rue S.t Antoine, elle étoit décorée de chaque côté par trois Pilastres Corinthiens disposés sur un plan angulaire; des guirlandes de fleurs naturelles, partant d'un Mascaron élevé dans le milieu de l'Archivolte, venoient embrasser deux Termes placés au devant des montans du chambranle de l'Arcade; un Balcon régnoit sur toute la longueur du Frontispice, et servoit d'appuy à une Terrasse sur laquelle on découvroit des Masques dansants et joüants des instrumens.

Les trois grandes faces, et les pans coupés du fond, étoient distribués en quinze Arcades garnies d'une agraphe dans le milieu; un Masque d'ornement terminoit le haut des trumeaux; au dessus passoit une Corniche portant une Balustrade d'entrelas, cette Corniche étoit chantournée sur l'Arcade des pans coupés, et soutenoit un Ecusson aux armes de Monseigneur le Dauphin et de Madame la Dauphine: un enchaînement de festons de fleurs naturelles, suspendüs aux Masques et aux agraphes des Arcades, régnoit autour de l'Edifice, et en achevoit la décoration extérieure.

Trois grands Buffets, et une Orchestre, ménagés dans un massif à six faces, occupoient le milieu du Sallon: l'Orchestre étoit en face de la grande entrée, les Buffets y étoient adossés, et des Fontaines de vin étoient disposées vis-a-vis les Arcades des pans coupés.

Les Statues de Momus et de la Muse Terpsicore, elevées sur des piés d'estaux, et placées aux cotés du massif, luy servoient d'accompagnement; des Saltinbanques de leur suite, dont les Statues étoient de pareille grandeur, ornoient le devant des trumeaux, et exprimoient par leurs attitudes la gayeté du Dieu qui présidoit à leurs jeux.

Tout l'interieur de l'Edifice étoit incrusté de marbre en compartimens; et plusieurs Camayeux, disposés dans les points de vüe les plus avantageux, representoient des Fêtes de Carnaval.

FESTE

Donnée dans l'Hotel de Ville

le vingt six Fevrier

Mil Sept cent quarante cinq.

Cette seconde fête, étoit un bal masqué, donné dans les appartemens de l'Hotel de Ville, à tout ce qu'il y avoit de plus distingué à la Cour et à la Ville. On avoit eu soin d'envoyer des billets, qui furent distribués au nombre de douze à quatorze mille.

La cour de l'Hotel de Ville, à laquelle on se rend par un escalier large et commode, s'éleve au dessus du rez de chaussée de la place, d'environ vingt deux pieds; quoy qu'inégale dans sa largeur, elle est vaste, et deux ordres d'architecture, elevés l'un sur l'autre regnent sur ses quatre faces.

Une situation aussi singuliere, présentoit des avantages dont on crut devoir profiter; en corrigeant les irrégularités du plan, en faisant disparoitre le gout gothique, et les ornemens de l'Architecture; la Cour de l'Hotel de Ville devint un salon magnifique, d'une ordonnance régulière et d'une élegance soutenuë dans toutes ses parties. Cette pièce, que sa grandeur rendoit le centre naturel du bal, ajoutoit par l'illusion de la décoration à celle des lumières et des masques, et formoit le coup d'oeil le plus imposant par l'acord heureux de toutes les parties.

La principale entrée du côté de la place, se trouvoit enveloppée d'une galerie, sous laquelle on avoit placé une première garde. Le Vestibule qu'on rencontre au haut de la grande rampe, étoit devenu un péristile à deux rangs de colonnes, dont l'entrée fermée par une barrière, servoit de poste à une deuxieme garde.

Du péristile, on entroit dans la Cour, dont le pavé étoit recouvert d'un parquet de menuiserie. Les quatre façades présentoient un Salon d'architecture composé de deux ordres distribués en arcades. Le premier d'ordonnance Ionique antique, étoit un grand et superbe portique, autour duquel s'élevoit une enceinte de gradins, couverts et plafonnés dans leur pourtour d'une riche étoffe, cramoisy et or; On y arrivoit commodément par des degrés dégagés dans la partie couverte du portique. Le deuxième ordre étoit composite, Il portoit des balcons dans ses entrecolonnes, qui répondant aux fenêtres des appartemens, donnoient sur le bal le plus agréable point de vûe.

Toute cette architecture étoit fort riche, un mur de marbre Serancolin lui servoit de fond. Le fust des colonnes du premier ordre étoit de glace, et portoit trois bandes d'or semées de pierreries. La frise étoit aussi de glace, et portoit une fleur de Lis d'or sur les ressauts au dessus des colonnes. Au deuxième ordre, les fusts des colonnes et la frise, étoient de marbre de breche violette. Des lames de glace couvroient les piedroits et les bandeaux des arcades. Les bases, les chapiteaux, les corniches, les architraves, les moulures des archivoltes et celles des impostes, étoient de bronze doré. Au dessus des deux ordres, regnoit une balustrade qui couronnoit la décoration. Un comble de charpente léger, sur, et d'une exécution très ingénieuse, venoit se terminer en voussure au delà de la balustrade. Le plafond représentoit un ciel serain, on y voioit plusieurs groupes de figures allégoriques au sujet de la feste.

Des ornemens galands, et assortis avec intelligence, ajoutoient à la richesse de cette décoration. Sur les arcades des deux ordres, s'élevoient alternativement de grands cartouches de bronze doré, ornés d'attributs allégoriques et des baldaquins chinois de Satin cramoisy doublé de gaze d'or. Ceux du premier ordre étoient en pavillon, les autres s'étendoient en ailes de chauve souris, deux nœuds relevoient leurs pentes découpées à la hauteur des volutes des chapiteaux, et de grands panaches de plumes en faisoient l'amortissement. Au dessus des pavillons, regnoit la première corniche qui portoit des groupes d'enfans. Des couronnes de Laurier

en coloris, et des trophées dorés, garnissoient les parties enfoncées en la
frise du deuxième ordre. Sur la balustrade étoient apuiés des vases
de bronze, soutenant un enchaînement de fleurs qu'on voyoit
regner au tour du plafond. D'autres guirlandes de fleurs naturelles,
achevoient de lier avec grace toutes les parties de l'Architecture.
Les unes formoient des couronnes au tour des chapiteaux,
d'autres traçoient le chiffre du Roy sur les apuis des balcons,
D'autres, dessinoient sur les archivoltes du portique, des médaillons
ornés des chiffres de Monseigneur le Dauphin, et de Madame
la Dauphine, enlassés dans de très riches bordures. Un grand
cartouche aux Armes du Roy, soutenu par deux Génies,
s'élevoit sur le corps saillant du fond en face de l'entrée,
et dominoit tous ces ornemens, en même tems qu'il marquoit
le milieu de la Sale. L'Orchestre placé au devant des trois
arcades du milieu, contenoit quatre vingt musiciens. C'étoit
un grand balcon en gradins élevé sur un socle de marbre
blanc enrichi de bas-relief, dont le fond étoit terminé par
un tableau de coloris representant un Parnasse.

Quarante cinq lustres de cristal, suspendus par des liens
de fleurs aux plafonds des arcades, et cent soixante
girandoles faites en bouquets de roses et de grenades, dont
les branches colorées au naturel s'unissoient aux autres
ornemens, formoient une Illumination proportionnée à
la magnificence de ce vaste Salon, qui communiquoit avec tous
les appartemens de l'Hôtel de Ville, par des escaliers commodes
et bien éclairés.

Le grand escalier qui est à droite du péristile, conduisoit
à la grande Sale. Cette pièce avoit pris la forme d'une
Sale de Spectacle ovale, garnie de loges sur ses ailes
et terminée à ses extrémités par deux balcons, dont l'un
servoit d'orchestre, et l'autre devoit être occupé par des
personnes de la plus haute considération. Un ordre
d'Architecture avec piedestal de proportion Corinthienne,
formoit la décoration. Le plan de la Sale oblong
et cintré aux angles, étoit distribué sur la longueur des

côtés en quatorze travées de portiques dans lesquelles on avoit pratiqué un cours de gradins au dessus du parquet, et un rang de loges élevé à la hauteur des deux tiers de l'ordre. Les colonnes faites de marbre de lapis, avoient une partie de leur diametre engagée dans des piliers de glace. Les chapiteaux composés d'ornemens symboliques, étoient d'or ainsi que les bases. Ces colonnes qui portoient sur des piédestaux de marbre blanc ornés de trophées, soutenoient une corniche architravée, recoupée et enrichie de doubles consoles de bronze liées par des festons de fleurs naturelles. Les apuis des loges s'avançoient en saillie bombée hors du nud des piedroits, portant dans leurs milieux, des rinceaux d'ornement qui entouroient des coquilles de camayeu bleu, sur lesquelles on avoit représenté divers jeux d'enfans; Ces apuis se terminoient en cul de lampe. Ils paroissoient soutenus par des chambrantes qu'embrassoient des chutes de fleurs; et garnissant les ouvertures au dessus des loges, ils venoient se perdre dans des agrafes sur les faces de l'architrave. Les gradins etoient couverts, les loges étoient meublées et plafonnées d'une etoffe cramoisy et or tres riche, et à compartimens.

Les grands balcons cintrés, pratiqués aux extremités de la sale, avoient pour couronnement les armes du Roy et celles de Monseigneur le Dauphin et de Madame la Dauphine. Huit platebandes ornés de rosettes élogies dans des panneaux, traversoient la largeur de la sale à l'áplomb des colonnes, et formoient huit parties de lambris exhaussées en voussure, enrichis de compartimens, qui se terminoient au dessus des corniches par des trophées de l'hymen, et par les armes de Monseigneur le Dauphin et de Madame la Dauphine. Vingt quatre grands lustres de cristal suspendus aux platebandes des lambris et aux chambrantes des balcons, formoient une partie de l'illumination. Chaque colonne portoit trois girandoles faites en bouquets de fleurs épanouies, dont les tiges venoient se réunir dans de riches cartouches. Ces girandoles chargées chacune de sept à huit bougies achevoient d'éclairer magnifiquement cette sale, dont le plan et la décoration etoient d'une elegance singuliere.

La piéce sur le péristile neuf apellée la sale des gardes, qui précède immédiatement celle dont on vient de donner la description, a ses croisées sur la cour. Le coup d'oeil qu'elle présentoit alors sur les deux principales sales du bal, devoit nécessairement fixer l'attention des Spectateurs. Cette piéce avoit pris la forme d'une galerie ; un superbe satin blanc des indes, couvert d'une riche broderie or et argent faisoit le fond de son meuble. Les colonnes qui la décorent étoient en argent, les bases et les chapiteaux en or. Les lustres, les girandoles, les glaces, les tables, les rideaux relevés en festons, et les autres ornemens étoient du plus beau choix, tout répondoit à la richesse du meuble, et à l'extrême beauté du point de vue.

On communiquoit de cette galerie dans la sale des gouverneurs, située dans la partie du fond, par les appartemens des ailes. Celuy de la droite étoit reservé pour des personnes de la plus grande distinction. Celuy de la gauche étoit ouvert au public. Cette sale disposée décorée, et illuminée pour le bal avoit pour meuble un damas cramoisy, orné de galons et de crépines d'or.

Les appartemens de l'Hôtel de Ville dont les piéces étoient de plein pied, formoient une communication d'enfilade entre les Sales du bal. Les autres étoient disposées en salons de repos ou de rafraichissement, en cabinets et en garderobes. Toutes ces piéces étoient très richement meublées et variées dans leur assortiment. La quantité prodigieuse de lumiéres dont elles étoient éclairées répandoit partout le jour le plus vif et le plus égal.

De grands salons de distribution placés à la portée des sales du bal, offroient en six endroits différens des buffets chargés d'une infinité de rafraichissemens de toute espéce. On avoit pris toutes les précautions qui pouvoient assurer la promptitude et la facilité du service. Ces salons étoient ornés avec beaucoup d'elegance ; Les tapisseries étoient magnifiques, les tableaux representoient des sujets rians ; les buffets étoient somptueux ; la vaisselle, les cristaux et les corbeilles dont ils étoient décorés, facilitoient en même tems la continuité des services dans toutes les parties du bal. Le dépôt général des provisions occupoit la plus grande partie

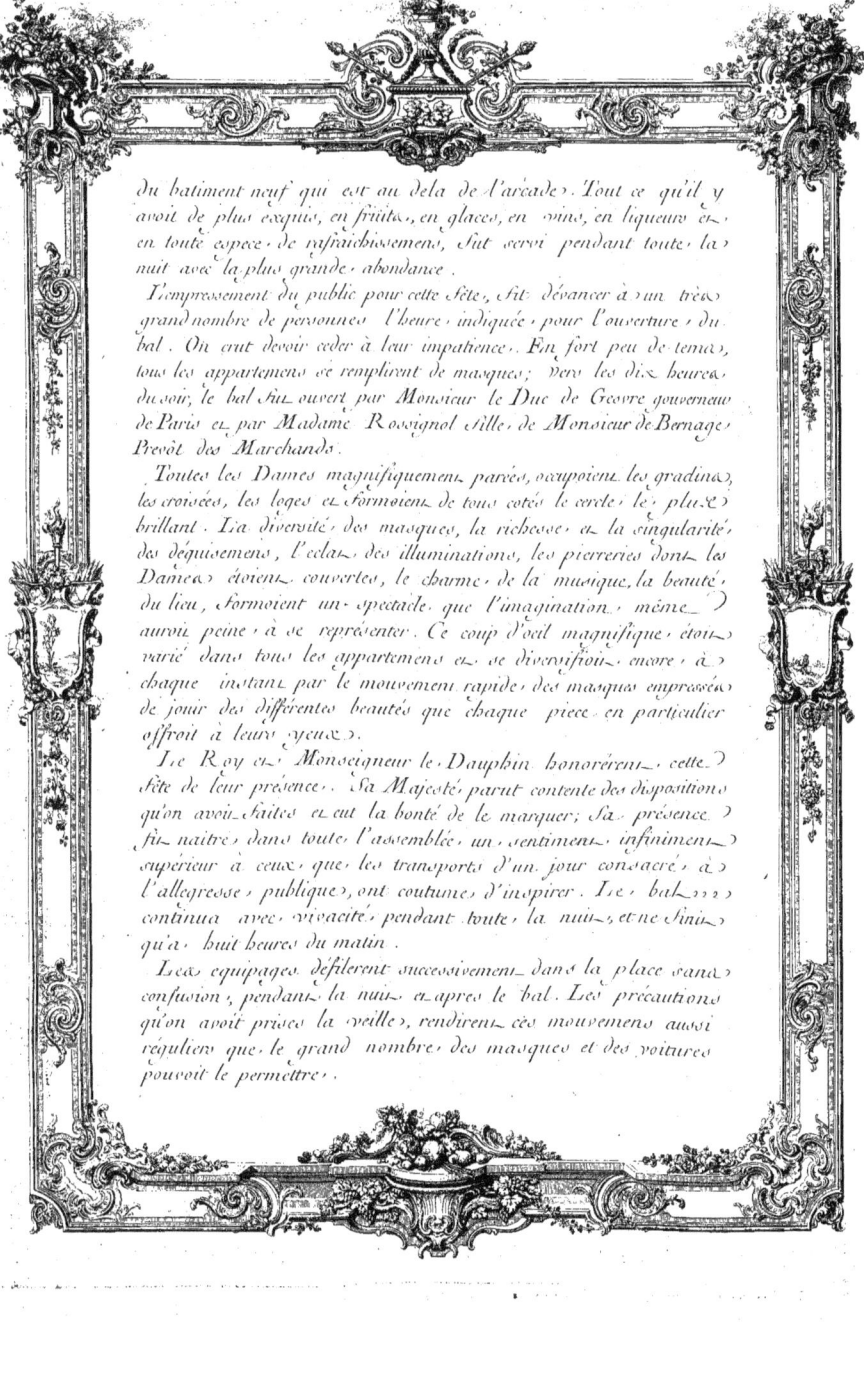

du batiment neuf qui est au dela de l'arcade. Tout ce qu'il y avoit de plus exquis, en fruits, en glaces, en vins, en liqueurs et en toute espece de rafraichissemens, fut servi pendant toute la nuit avec la plus grande abondance.

L'empressement du public pour cette Fête, fit devancer à un très grand nombre de personnes l'heure indiquée pour l'ouverture du bal. On crut devoir ceder à leur impatience. En fort peu de tems, tous les appartemens se remplirent de masques; vers les dix heures du soir, le bal fut ouvert par Monsieur le Duc de Gesvre gouverneur de Paris et par Madame Rossignol fille de Monsieur de Bernage Prevôt des Marchands.

Toutes les Dames magnifiquement parées, occupoient les gradins, les croisées, les loges et formoient de tous cotés le cercle le plus brillant. La diversité des masques, la richesse et la singularité des déguisemens, l'eclat des illuminations, les pierreries dont les Dames étoient couvertes, le charme de la musique, la beauté du lieu, formoient un spectacle que l'imagination même auroit peine à se representer. Ce coup d'œil magnifique, etoit varié dans tous les appartemens et se diversifioit encore, à chaque instant par le mouvement rapide des masques empressés de jouir des differentes beautés que chaque piece en particulier offroit à leurs yeux.

Le Roy et Monseigneur le Dauphin honorérent cette Fête de leur présence. Sa Majesté parut contente des dispositions qu'on avoit faites et eut la bonté de le marquer; Sa présence fit naitre dans toute l'assemblée un sentiment infiniment superieur à ceux que les transports d'un jour consacré à l'allegresse publique, ont coutume d'inspirer. Le bal continua avec vivacité pendant toute la nuit, et ne finit qu'à huit heures du matin.

Les equipages defilerent successivement dans la place sans confusion, pendant la nuit et apres le bal. Les précautions qu'on avoit prises la veille, rendirent ces mouvemens aussi reguliers que le grand nombre des masques et des voitures pouvoit le permettre.

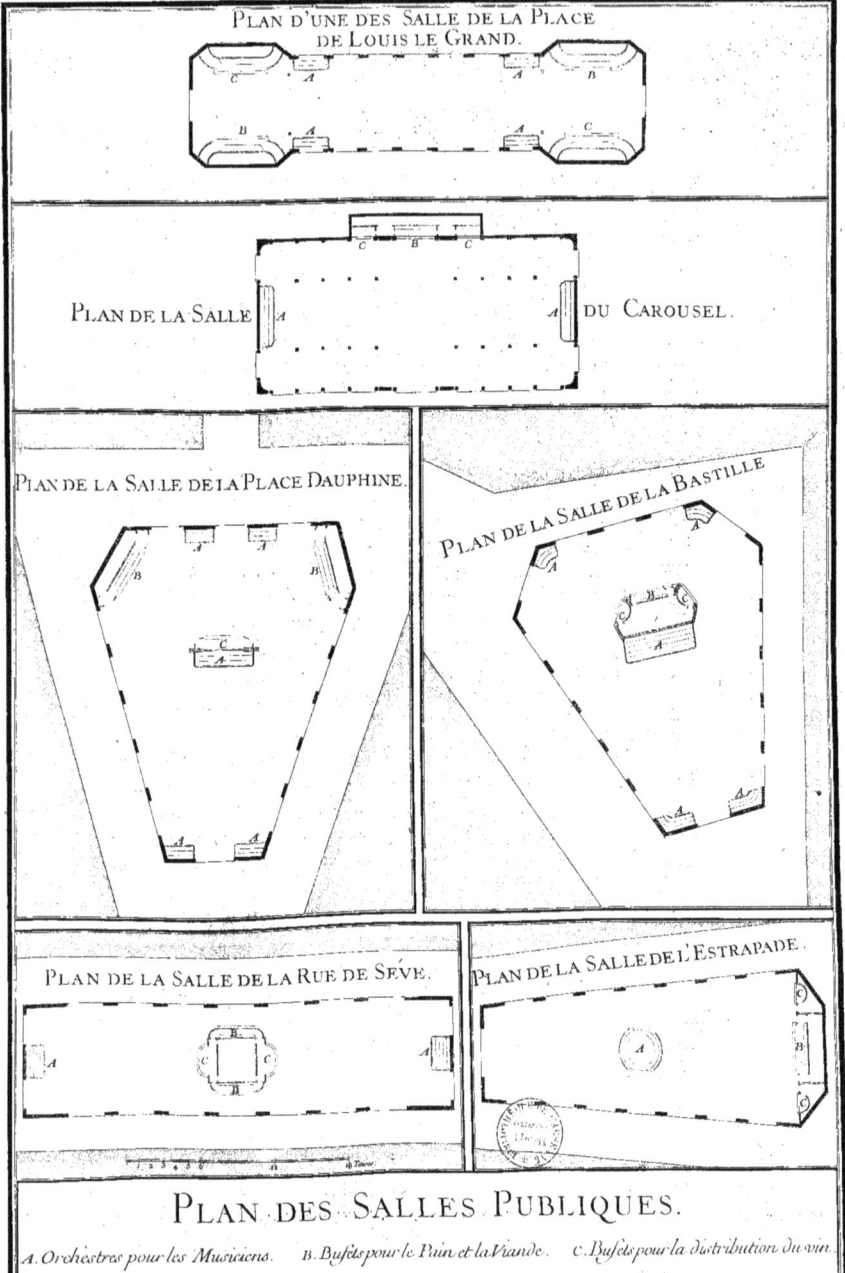

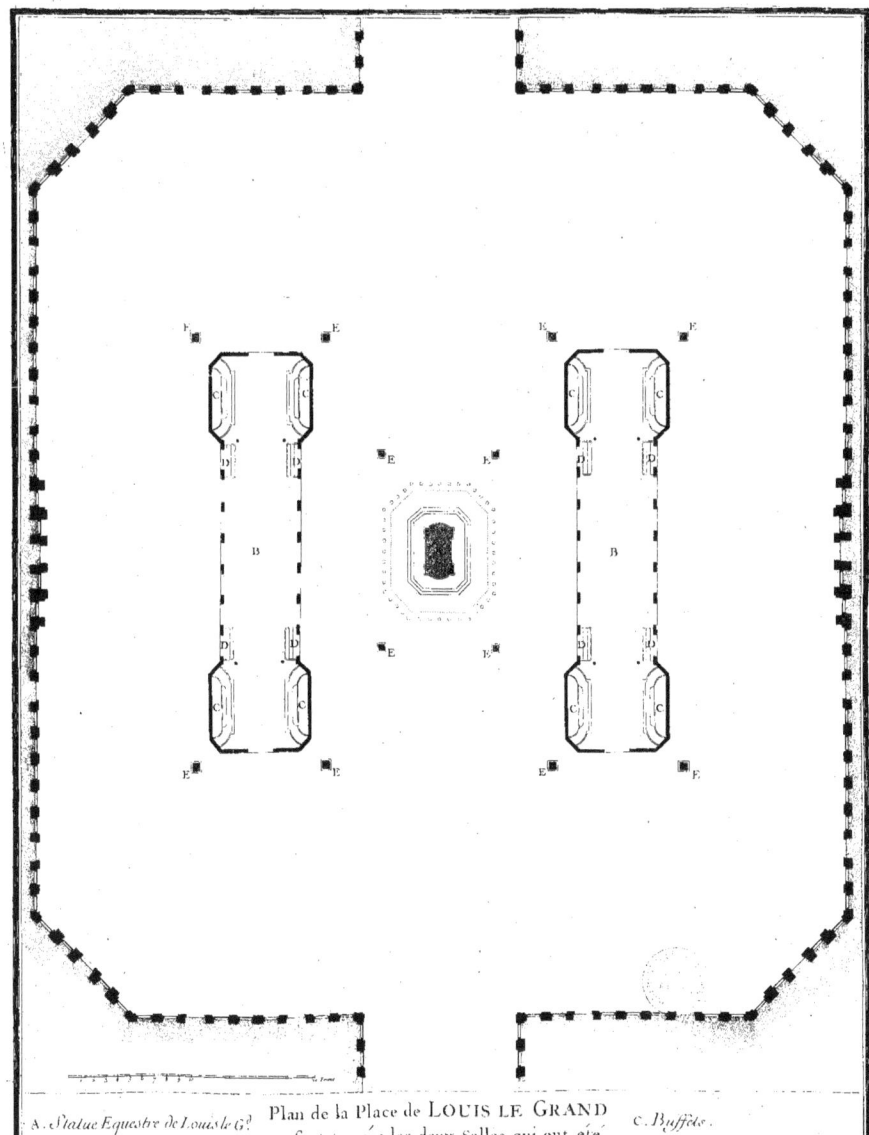

A. Statue Equestre de Louis le G^d.
B. Salle de 31 Toises de long, y compris les deux Pavillons.

Plan de la Place de LOUIS LE GRAND ou sont tracées les deux Salles qui ont été erigeés au sujet du Mariage de Monseigneur le Dauphin 1745.

C. Buffets.
D. Orchestre.
E. Piramides de lumiere.

FRONTISPICE
de la Salle de la Place Dauphine.

Vue Perspective de l'Interieur de la Salle de la Place Dauphine.

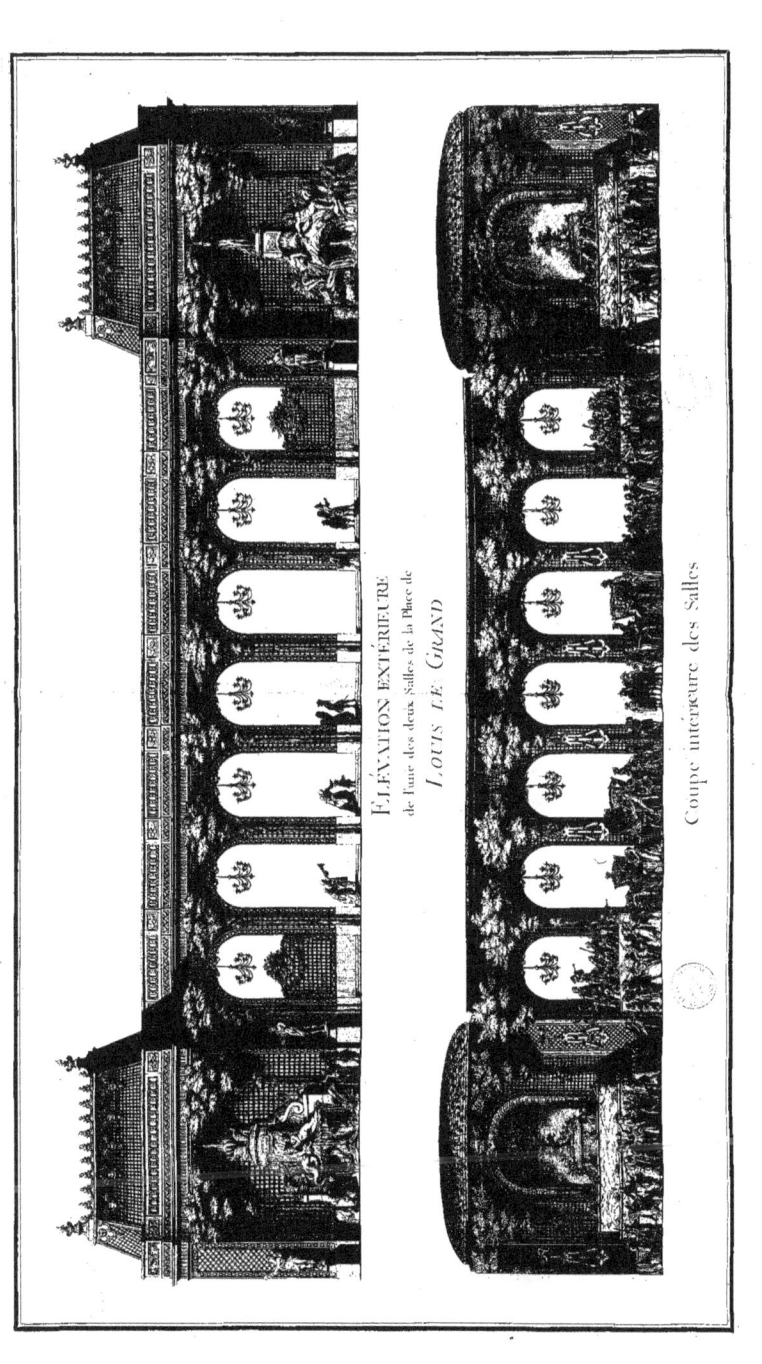

Élévation extérieure de l'une des deux Salles de la Place de LOUIS LE GRAND

Coupe intérieure des Salles

VUE PERSPECTIVE DE L'INTERIEUR D'UNE DES SALLES DE LA PLACE DE LOUIS LE GRAND, VUE DE L'ENTRÉE DU SALLON.

VUË PERSPECTIVE DE LA SALLE DU CAROUSEL,
Construite à l'occasion du Mariage de MONSEIGNEUR LE DAUPHIN.

ELEVATION EXTERIEURE DE LA SALLE DU CAROUSEL.

COUPE INTERIEURE de la dite Salle.

ELEVATION
de l'un des petits Cotés de la Salle du Carousel.

COUPE
de la Salle du Carousel.

FRONTISPICE DE LA SALLE
de la Bastille.

ELÉVATION EXTÉRIEURE D'UN DES GRANDS COTÉS DE LA SALLE DE LA BASTILLE.

FRONTISPICE DE LA SALLE
de la Ruë de Séve.

ELEVATION EXTERIEURE D'UN DES GRANDS CÔTÉS DE LA SALLE DE LA RUE DE SÉVE.

FRONTISPICE DE LA SALLE DE L'ESTRAPADE

ELEVATION EXTERIEURE DE LA SALLE DE L'ESTRAPADE

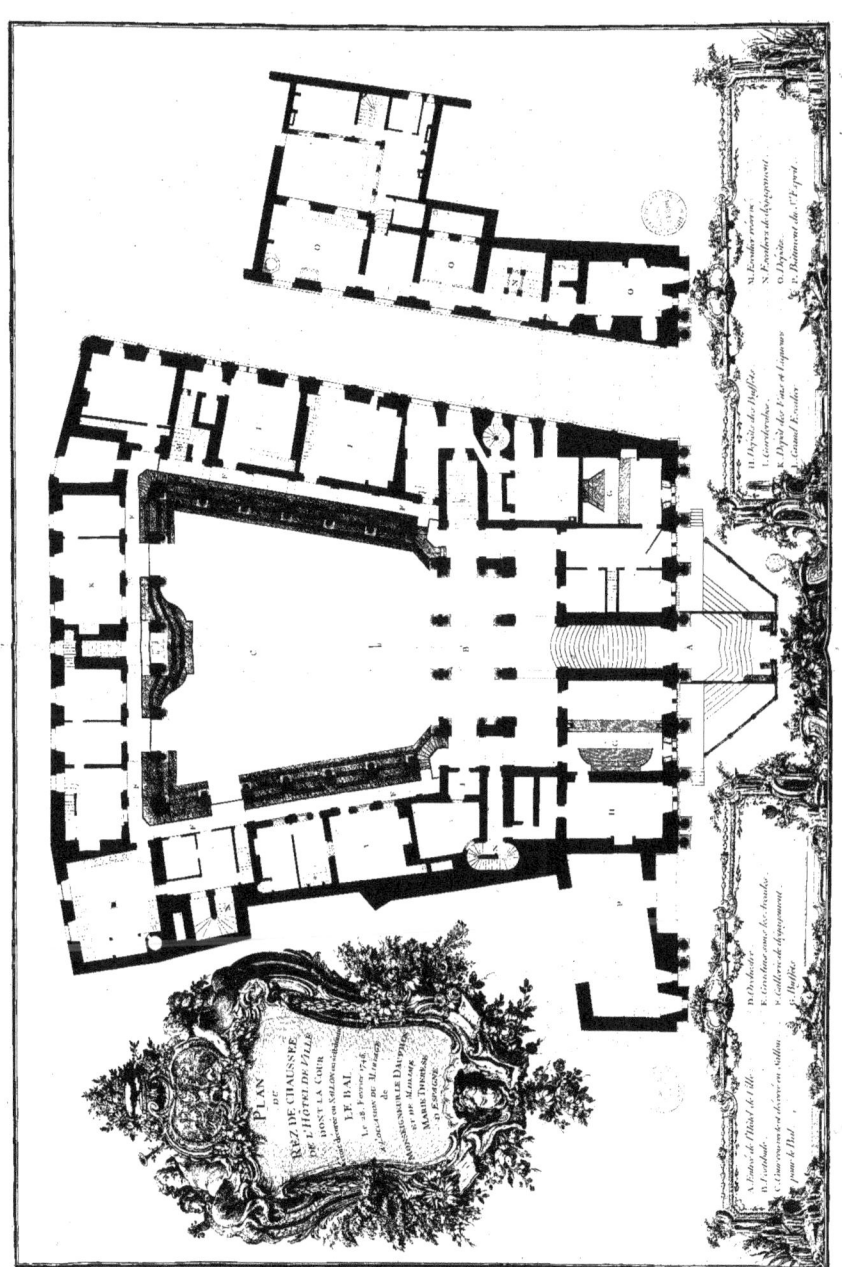

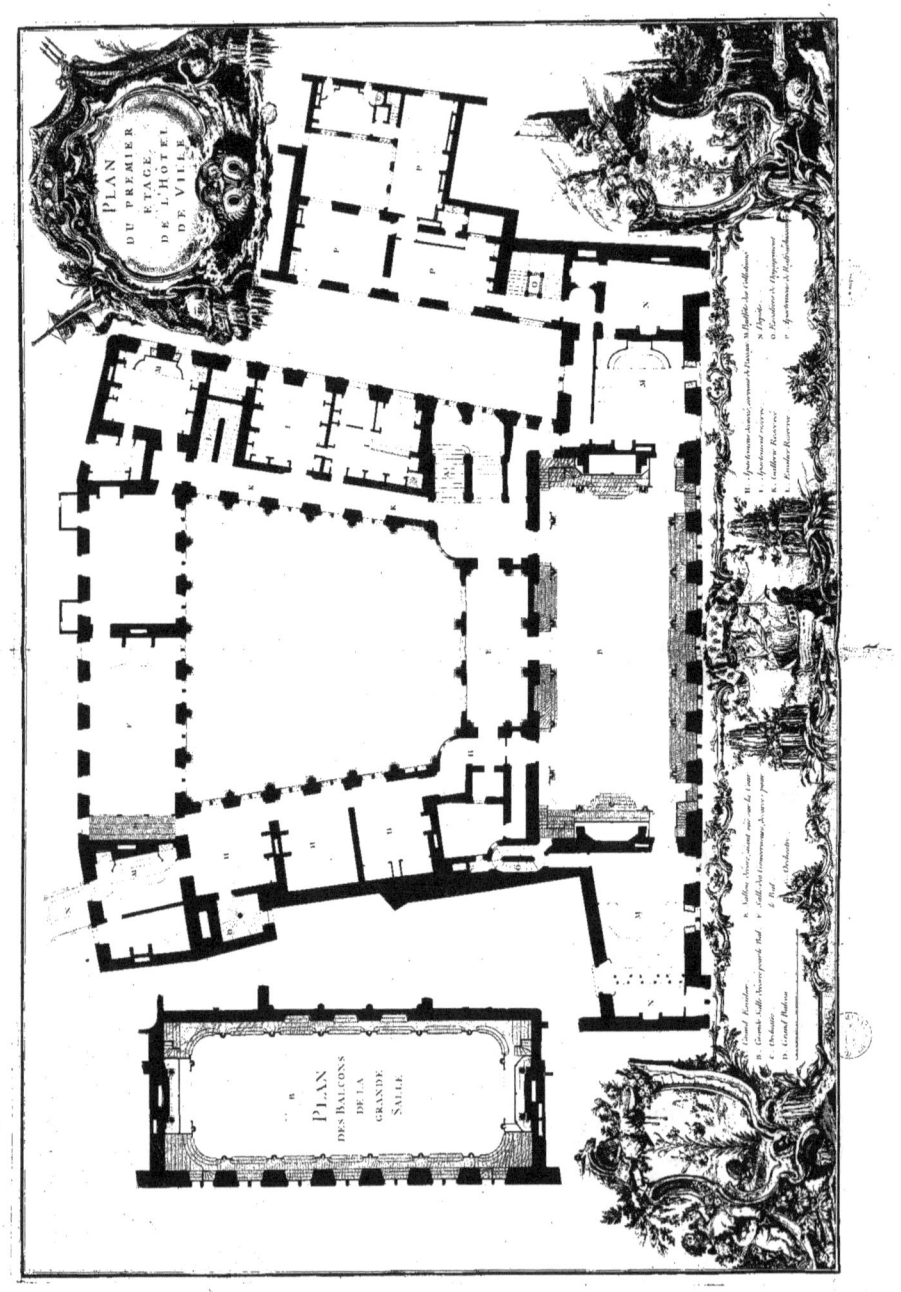

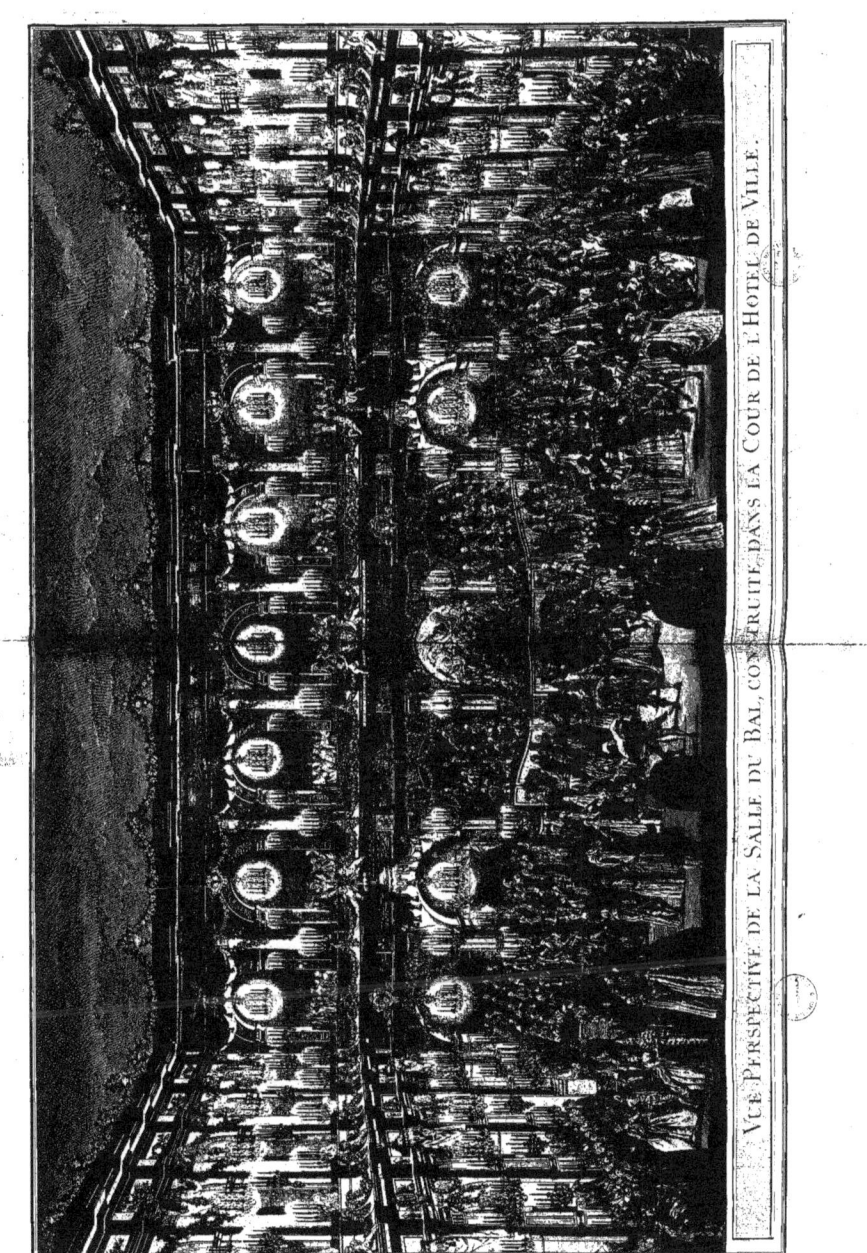

Vue Perspective de la Salle du Bal, construite dans la Cour de l'Hotel de Ville.

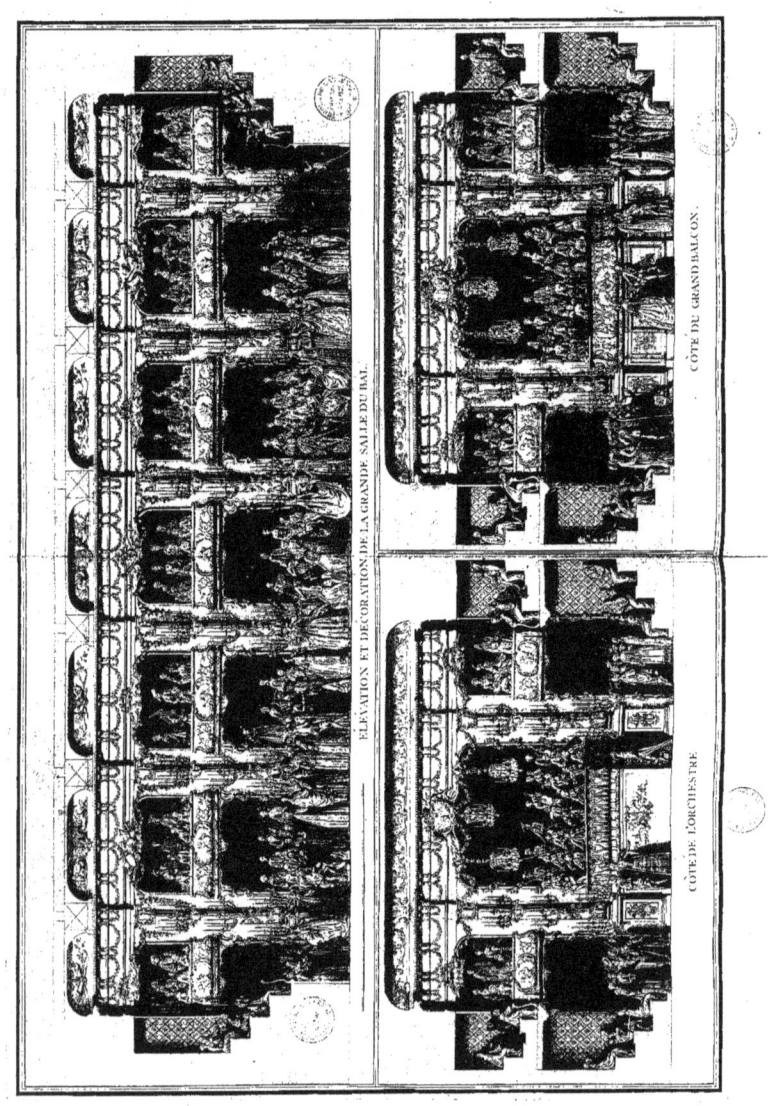

Desseins des Buffets du Bal de l'Hotel de Ville

Desseins des Buffets du Bal de l'Hôtel de Ville

www.ingramcontent.com/pod-product-compliance
Lightning Source LLC
Chambersburg PA
CBHW060519050426
42451CB00009B/1066